AF611493

MÉTHODE

À SUIVRE DANS LE TRAITEMENT des différentes Maladies *épidémiques*, qui règnent le plus ordinairement dans la généralité de Paris.

Par M. BOYER, Chevalier de l'Ordre du Roi, l'un de ses Médecins ordinaires, Inspecteur des Hôpitaux militaires du Royaume, ancien Doyen de la Faculté de Médecine de Paris, Censeur Royal, de la Société Royale de Londres, Associé-Honoraire du Collége royal de Médecine de Nancy, Médecin du Parlement, de la généralité & de la ville de Paris.

A PARIS,
DE L'IMPRIMERIE ROYALE.

M. DCCLXII.

AVERTISSEMENT.

QUOIQUE ce petit ouvrage ait été fait ſpécialement pour la généralité de Paris, néanmoins, comme les maladies dont il traite ne ſont pas renfermées dans l'enceinte de cette généralité, & qu'elles ſe rencontrent plus ou moins fréquemment, non ſeulement dans les provinces adjacentes, mais dans tous les pays, avec quelques variétés purement accidentelles & qui n'en changent point l'eſpèce; comme d'ailleurs, ce n'eſt point par une formule particulière que l'on propoſe ici de les combattre, mais par une méthode fondée en principes, & combinée ſur la pratique des plus ſages Médecins de tous les âges & de toutes les nations ; il a plu au Roi qu'elle fût imprimée de nouveau & répandue dans toutes ſes provinces pour l'utilité commune & le ſoulagement de ſes Peuples.

MÉTHODE

À SUIVRE DANS LE TRAITEMENT des différentes Maladies épidémiques, *qui règnent le plus ordinairement dans la généralité de Paris.*

LES différentes éditions de la Méthode que j'avois indiquée pour le traitement de la Suette étant épuisées, & me trouvant obligé d'en donner une nouvelle, j'ai pensé qu'il ne seroit pas hors de propos d'ajoûter dans celle-ci quelques remarques générales sur la nature des différentes maladies épidémiques qui règnent trop fréquemment dans la généralité de Paris; d'autant plus que ces maladies étant presque toutes du genre des fièvres putrides, plus ou moins inflammatoires, le traitement doit être le même, à quelque différence près tirée des circonſtances. J'ai cru auſſi devoir m'étendre ſur ce qui a donné lieu à une pratique pernicieuſe, qui a formé un préjugé général que l'on a bien de la peine à détruire dans les campagnes.

Les maladies qui affligent le plus ordinairement les habitans de la généralité de Paris, ſe réduiſent à la Suette, aux fièvres continues, putrides, miliaires, vermineuſes, malignes, accompagnées de différentes éruptions, & ſouvent compliquées de pleuréſie & de péripneumonie, ſur-tout à la fin de l'hiver, au printemps & en automne.

Je m'étendrai peu ſur la théorie de ces différentes maladies, pour ne m'occuper que du traitement qu'on doit mettre en uſage, parce que la préſente Méthode, qui n'eſt deſtinée que pour la campagne, ne peut tomber qu'entre les mains de peu de Médecins, de quantité de Chirurgiens & de quelques Religieuſes de Charité, à qui la néceſſité oblige d'avoir recours dans les premiers momens d'une épidémie.

Ce n'eſt pas aux premiers que je prétends donner des règles; je ne fais que leur communiquer une pratique que l'expérience a démontré être la ſeule qu'on doive ſuivre, & qui a toûjours eu un égal ſuccès depuis vingt-cinq ans que le Roi m'a fait l'honneur de me confier le détail des maladies populaires de la généralité de Paris, & ſouvent des provinces voiſines.

Les derniers ont beſoin de préceptes, & c'eſt principalement en leur faveur que j'écris, & que j'ai réduit cette méthode, en fait de remèdes, au ſimple néceſſaire, en y retranchant tout ce qui ne pouvoit pas s'accorder avec le peu de commodité & d'aiſance de la pluſpart des malades de la campagne.

La Suette a vrai-ſemblablement été ainſi nommée, à cauſe des ſueurs continuelles, qui dès le commencement accompagnent cette maladie.

Elle parut pour la première fois en Picardie en 1718 *, & elle ſe communiqua,

* Feu M. Bellot, Docteur-Régent de la Faculté de Médecine de Paris, fixe l'époque de cette maladie

petit à petit & de proche en proche, dans presque toute la province, où elle fit beaucoup de ravage, comme il arrive d'ordinaire dans toutes les maladies nouvelles, avant qu'on ait trouvé les remèdes qui y conviennent.

Les Médecins, qui furent les premiers témoins de cette calamité, en prirent une fausse idée, & crurent, à cause des sueurs énormes qui accompagnoient cette maladie dès le commencement, y trouver quelqu'affinité avec le *Sudor Anglicus*, maladie des plus graves & des plus meurtrières, dont l'Angleterre fut affligée en 1483, dans la principauté de Galles, & qui de-là se répandit & se communiqua

à l'année 1718 : elle parut, dit-il, pour la première fois dans le pays de Vimeu, ensuite à Abbeville & dans le reste de la province de Picardie. Il s'en explique ainsi dans une thèse qu'il composa sur la Suette, & qu'il soûtint au mois de novembre 1733, sous la Présidence de M. Ot. Casimir de Barsecneck, dans les Écoles de la Faculté de Paris. M. Bellot avoit vû, pour ainsi dire, la naissance de cette maladie dans la province de Picardie, qui étoit la sienne, & rien n'est plus exact que la description qu'il en fait.

jusquà Londres, où elle reparut jusqu'à cinq fois dans l'espace de soixante-six ans.

On consulta les Auteurs qui en avoient écrit; on adopta, sans trop de réflexion, les remèdes qu'ils avoient mis en usage pour lors, lesquels étoient tous du genre des cordiaux les plus forts, & des antidotes, qui malgré les funestes effets qu'ils produisirent, & qu'ils produisent encore, ont formé un préjugé qu'on a bien de la peine à détruire.

Mais comme la fausse idée que l'on prit d'abord de notre maladie, en la confondant avec le *sudor Anglicus*, ou Sueur Angloise, pourroit encore être autorisée par la description que quelques Auteurs ont faite du *sudor Anglicus*, qu'ils rendent en françois par les noms de *Sueur Angloise*, ou *Suette*, dont ils ont fait un synonyme; pour ôter dorénavant toute équivoque, je l'appellerai, avec feu M. Bellot, la *Suette des Picards*; & pour qu'on soit pleinement convaincu du peu de rapport qu'il y a entre elle & la

Sueur Angloiſe, je ferai ſommairement la comparaiſon de ces deux maladies.

Le *ſudor Anglicus* étoit une maladie inconnue avant 1483 ; elle étoit des plus meurtrières [a], & à peine avoit-on le temps d'y apporter des remèdes ; ceux qui en étoient attaqués périſſoient en vingt-quatre heures, & quelquefois en ſix, d'où vient que Ray, & pluſieurs avec lui, l'avoient définie *une fièvre éphémère, peſtilentielle & contagieuſe :* les ſymptomes qui l'accompagnoient étoient les mêmes que ceux que l'on obſerve dans les fièvres continues, putrides & malignes, mais dans un degré bien plus violent.

La Suette de Picardie, bien différente dans ſa marche, eſt une fièvre qui a été connue des anciens, ſous le nom de *febris helodes,* comme qui diroit, *fièvre humide* [b];

[a] *Tanta fuit hujus febris malignæ truculentia, ut quamprimùm urbem aliquam invaderet, ſingulis diebus, quingentos aut ſexcentos occuparet, & ex ægris vix centeſimus quiſque evaderet.* Sennert. cap. XV, pag. 841.

[b] Elle a été connue des anciens ſous le nom de *febris helodes,* ἑλώδης, *quæ &* τυφώδης. *Epitheton*

ses accidens sont les mêmes que ceux des fièvres-inflammatoires, dont elle n'est distinguée que par les sueurs abondantes qui paroissent dès le commencement de la maladie.

Il s'en faut bien qu'elle parcourre ses temps avec autant de rapidité, puisque les grands accidens, qui peuvent faire douter de l'évènement de cette maladie, ne se manifestent que du quatre au cinq, & que son cours le plus ordinaire est de quatorze jours, & se prolonge quelquefois jusqu'au troisième septenaire, lorsqu'elle est compliquée, ou que ses premiers temps n'ont pas été mis à profit.

La Sueur Angloise ne donnoit presque pas le temps de faire des remèdes, puisqu'elle se terminoit aussi promptement qu'il vient d'être dit, & que peu de malades échappoient à sa violence; au

febris humidæ, cùm à primâ statim die ægrotantes sudant; sudoreque ipso aut nihil, aut certè parùm levantur. E contrà sicca ac scabra visitur lingua, duraque tanquàm corium cutis, plurimusque adest in corpore squalor. Galen. advers. Lycum, c. 2, jung. Hoffman. de febrib. c. 54.

lieu que dans la Suette de Picardie, on ne doit pas desespérer de la guérison de plus des deux tiers & demi des malades, lorsqu'ils sont traités méthodiquement & selon les indications.

La Sueur Angloise étoit reconnue pour une maladie contagieuse & pestilentielle; notre Suette est simplement épidémique. Je ne saurois m'empêcher de remarquer ici en passant, qu'il n'est rien de si dangereux dans les maladies qui se déclarent en différens lieux, que de confondre aussi légèrement dans les rapports que l'on fait tous les jours, la contagion avec l'épidémie, dont on fait, sans y penser, un synonyme, sur le seul fondement sans doute, que plusieurs personnes dans la même maison & de la même famille, sont attaquées de la même maladie; comme s'il étoit extraordinaire qu'une cause générale puisse agir également sur des personnes rassemblées sous le même toit, vivant des mêmes alimens & affectées des mêmes passions, & que toutes soient affligées des mêmes maladies. Rien n'est plus capable d'éloigner les ſecours que cette fauſſe idée de contagion.

Les hémorragies, aſſez rares dans la Sueur Angloiſe, de même que les éruptions, (diſent les auteurs qui en ont écrit) ſont très-ordinaires dans la Suette de Picardie; les premières ont été très-ſalutaires à pluſieurs, à meſure qu'elles ont été plus abondantes, & c'eſt à ces évacuations conſidérables de ſang, ſoit par le nez, ſoit par la bouche, ou par les hémorroïdes, que je ſuis redevable d'être venu à bout de vaincre le préjugé des peuples, ſur l'horreur qu'ils avoient pour la ſaignée. Cette averſion s'étoit ſans doute tranſmiſe de lieux en lieux, depuis qu'on avoit confondu cette nouvelle maladie avec la Sueur Angloiſe, dans laquelle il n'avoit été nullement queſtion de la ſaignée, ſoit parce que la courte durée de la maladie ne le permettoit pas, ſoit parce qu'on avoit mis toute ſa confiance dans les cordiaux, les ſudorifiques & les antidotes; dans l'idée où l'on étoit alors d'un venin caché, attaquant les parties nobles du corps *, & qu'on regardoit comme la cauſe prochaine des fièvres malignes & des maladies épidémiques.

Il faut croire, pour excuſer ceux qui ont décrit les premiers cette maladie & les remèdes qu'ils employoient, qu'ils comptoient de rendre à la fin ces ſueurs critiques, puiſque non ſeulement ils avoient conſeillé de les entretenir, mais encore de les exciter, au lieu que je les ai toûjours regardées dans la Suette de Picardie comme un ſymptome des plus fâcheux, qui ne ſert qu'à deſſécher le ſang, à augmenter ſa raréfaction, ſon acrimonie,

* Cette idée de venin avoit ſi fort prévalu, qu'on défendoit aux malades de mettre leurs mains ſur la poitrine, de peur que le cœur ne reçût, par cette impoſition, une doſe de venin de plus. *Hoc modo in lecto ſe habere debet, nempè cum extenſis cruribus ac pedibus, nec manum teneat ſuper pectus; ne venenum ex manibus ad cor tranſeat: non nudet pedes aut manus, alioquin morietur: poteſt autem faciem & foramen ſub collo detectum tenere, ne ſuffocetur: non etiam ſe obvolvet in lecto: ſi verò ſe volvere ex aliquâ neceſſitate voluerit, ſint duo ab utroque latere, qui tegumentum comprimant, ne elevetur, &c.* Clariſſ. Philoſ. & Medicor. de venenis, pag. 92.

& le rendre par-là plus inflammable. Elles avoient jusque-là tellement fixé l'attention des peuples affligés de cette maladie, qu'ils ne cherchoient qu'à les augmenter [quoiqu'elles fussent très-abondantes] avec un mélange de vin, de sucre, de canelle, &c. le tout répété plusieurs fois par jour, à des doses excessives: d'autres plus en état de payer des remèdes, prenoient des potions cordiales avec de la thériaque, de la confection d'hyacinthe, de la poudre de vipère & autres drogues du même genre, auxquelles les malades ne résistoient pas long-temps: ou si, par la force de leur tempérament, quelques-uns survivoient à cette pernicieuse pratique, ils étoient très-long-temps à se rétablir. J'en ai vû au bout de six mois, & même plus, dans une espèce d'étonnement qui tenoit quelquefois de l'imbécillité, sans pouvoir, pour ainsi dire, mettre un pied devant l'autre, & dont la peau de couleur tannée, tomboit à chaque instant par écailles; il survenoit à plusieurs d'entre eux différentes ſortes d'éruptions dartreuſes, des clous & des froncles. Tel a été en général le ſort de ceux qui n'ont point été ſaignés dans les premiers commencemens de la maladie.

Les éruptions à la peau, qui étoient auſſi, ſelon les Auteurs, très-rares dans la Sueur Angloiſe, ſont très-ordinaires dans la Suette de Picardie, & c'eſt ce que cette maladie peut avoir de commun avec la fièvre miliaire; mais il eſt à remarquer que les éruptions, qui dans la Suette de Picardie, ne ſont que l'effet d'une extrême raréfaction du ſang & de la plénitude des vaiſſeaux, dans un temps où la phlogoſe eſt univerſelle, ont été bien moins conſidérables dans ceux qui avoient été ſaignés pluſieurs fois dès les premières vingt-quatre heures.

On recommandoit dans la Sueur Angloiſe, de tenir les malades chaudement, au point de leur défendre non ſeulement de mettre les mains hors de leur lit, même pour ſe laiſſer tâter le pouls, mais encore de ſe remuer en aucune manière, pour quelque besoin que ce fût [a] : c'est encore de-là sans doute que s'est transmise la pernicieuse coûtume d'accabler les malades d'un poids énorme de couvertures, jusqu'à leur causer des suffocations, & de les laisser pendant le cours de leur maladie dans les mêmes linges pourris de sueur, dans des chambres exactement fermées [b].

Un traitement aussi funeste n'avoit d'autre fondement que de pousser au dehors la cause de la maladie, sur les fausses idées qu'on en avoit; c'est-à-dire, selon le peuple, de forcer les sueurs & les rendre encore plus copieuses, & enfin

[a] *Itaque imprimis dabant operam, ut ab omni aëris afflatu ægrum prohiberent, & propterea non permittebant urinæ reddendæ causâ è lecto se movere, nec manum pulsûs explorandi gratiâ exerere.* Sennert. eodem cap. XV, superiùs memorato.

[b] Il est vrai-semblable que cette pernicieuse pratique avoit été établie par des Empiriques, puisqu'on lit dans ce même chapitre de Sennert, ce qui suit: *Monuerunt tandem docti Medici, ut in corpore tegendo, pro virium & naturarum diversitate modus observaretur.* Et plus bas: *Referunt authores fide digni, nimio sudandi studio magnam hominum partem suffocatam fuisse.*

d'exciter des éruptions à la peau, qui ſont encore aujourd'hui leur unique eſpérance, pour être délivrés du venin dont ils ſe croient infectés dans cette maladie.

On voit clairement que toute cette pratique eſt d'après les Auteurs qui ont traité de la Sueur Angloiſe; je les ai tous parcourus, & je les ai tous trouvés dans les mêmes idées ſur les ſudorifiques, les cordiaux & les antidotes *. Quelque courte que fût cette maladie, je ſuis ſûr qu'on en auroit tiré un meilleur parti dans le ſiècle où nous vivons, où toutes ces idées de venin caché, qu'on regardoit comme la cauſe des maladies épidémiques, & ſur-tout de celle-ci, ſont bannies des Écoles & de la pratique, pour n'admettre d'autre cauſe générale de ces maladies, que le vice de l'air & des alimens, qui ſont en effet la vraie cauſe de la dépravation du ſang & des humeurs.

* *Tota autem curationis ratio in veneno debellando & ſudore proliciendo ſita erat.* Sennert. cap. XV, de curatione ſudoris Anglici.

Je crois que ce que j'ai dit jusqu'à présent doit suffire pour démontrer la différence essentielle qu'il y a entre ces deux maladies ; je reviens à mon objet principal, qui est la Suette de Picardie, ou la fièvre *helodes* des anciens.

Ceux qui en étoient attaqués, l'étoient ordinairement pendant la nuit, ils se réveilloient après quelques heures de sommeil, dans un accablement universel, dans des sueurs abondantes & une chaleur des plus vives ! leur visage étoit enflammé & fort rouge, de même que toute l'habitude du corps ; on voyoit, pour ainsi dire, fuir le sang sous la peau à la moindre pression du doigt, leurs yeux étoient étincelans, la langue blanche & fort sèche, le pouls dur, tendu, extrêmement plein ; il se joignoit assez ordinairement à ces accidens un délire frénétique, vers le troisième, à d'autres vers le quatrième jour, avec une augmentation de fièvre, qui étoit le plus souvent l'avant-coureur d'une éruption miliaire, plus ou moins considérable, sur toute l'habitude du corps ; c'étoit quelquefois des taches rouges, qui étoient si près les unes des autres qu'on auroit dit d'une éréfipèle universelle ; elles étoient plus dangereuses que les premières.

Outre ces éruptions, il en survenoit souvent une autre d'un bien plus mauvais augure, mais dans un terme bien plus avancé de la maladie, sous la forme d'une grosse morsure de puce, d'un rouge très-vif, connue sous le nom de tache pourprée ; elle diffère des autres éruptions non seulement par le rouge vif dont elle est d'abord, mais parce qu'elle n'excède pas le niveau de la peau. D'autres enfin se montrent sous la forme de phlyctènes transparentes, & du volume de la semence de perles ; ce sont autant de vésicules remplies d'une liqueur corrosive, affectant principalement le cou, les aisselles, la partie antérieure de la poitrine & de l'abdomen, & qui sont les plus dangereuses dans ces maladies, comme dans toutes celles qui portent un mauvais caractère : c'est pourquoi plusieurs Auteurs, vû le danger qu'elles annonçoient, ont cru devoir les appeler *pourpre blanc.* Cependant ceux qui ont eu le bonheur d'être traités méthodiquement ont été souvent exempts des premières, mais presque toûjours des dernières; c'est-à-dire ceux qui après avoir été saignés plus ou moins, selon les circonstances & le danger de l'inflammation, n'avoient point été livrés aux cordiaux.

Ce n'est pas seulement dans la Suette qu'on se livre à ces remèdes incendiaires à la campagne, mais dans la moindre indisposition, & dans le commencement de toutes les maladies, avant que d'en connoître le caractère; il faut que plusieurs aient été les malheureuses victimes de ce préjugé, pour qu'ils puissent se déterminer à demander du secours.

A l'égard des autres maladies inflammatoires, que nous avons observées être les plus fréquentes dans la généralité de Paris, selon les différentes intempéries des saisons, la qualité des alimens & des boiſſons, ces maladies telles que la fièvre miliaire, les fièvres vermineuſes, malignes, ſimples ou pourprées, exigent dans les commencemens les mêmes ſecours, étant preſque toutes inflammatoires.

Il s'agit donc de prévenir le danger des inflammations, en deſempliſſant les vaiſſeaux à proportion des accidens : il n'eſt point de règle pour la quantité des ſaignées qu'il faut faire ; la plénitude du pouls, la vivacité des accidens, la phlogoſe univerſelle de toutes les parties du corps, doivent en régler la meſure ; l'âge d'ailleurs, le ſexe, le tempérament de chaque malade devant être toûjours la bouſſole de ceux qui ont à traiter cette maladie. Toutes ces conſidérations bien réfléchies & combinées ſelon les circonſtances, doivent être le ſeul ſyſtème d'un Médecin vraiment praticien.

Sans ces précautions préliminaires dans les maladies inflammatoires, il faut s'attendre à voir périr les malades du quatre au cinq, par la gangrène des parties intérieures, ou par la rupture des vaiſſeaux, qui n'arrive pas toûjours dans des parties d'où le ſang puiſſe être chaſſé au dehors. Je ne puis trop répéter combien il importe d'uſer de célérité par rapport aux ſaignées dans ces maladies, ſur-tout lorſqu'elles ſont compliquées de pleuréſie & de péripneumonie, & il ſeroit inſenſé de vouloir attendre des criſes favorables dans des maladies de cette vivacité.

Les hémorragies, qui, comme je l'ai déjà dit, ont été ſalutaires à pluſieurs, n'arrivent preſque jamais que par la rupture des vaiſſeaux ſanguins; trop pleins qu'ils ſont de ſang, ils en diſtendent les fibres au point de les faire éclater, ce qui doit faire trembler de peur qu'il ne ſurvienne dans l'intérieur du cerveau des ruptures, qui ſont la ſeule cauſe de la mort qui arrive dans les premiers jours des maladies aiguës, vers le cinquième; de même que celles qui arrivent dans l'éruption de la petite vérole, maladie qui, quoique d'une eſpèce ſingulière, a aſſez d'analogie avec toutes les maladies inflammatoires, dans ſon premier période, dans ces jours précieux qui précèdent l'éruption ; & qui, lorsque les accidens le demandent, exige les mêmes précautions.

Les vaisseaux une fois desemplis, on voit diminuer sensiblement les accidens, le pouls se relâche & se détend ; on est, par cette conduite, au dessus du premier danger qu'on avoit à craindre, & en état de travailler avec autant de sécurité que de succès à l'évacuation des humeurs putrides, qui sont la cause de ces maladies. Ce sont ces mêmes humeurs qui donnent lieu à la génération des vers, qu'on observe en grande quantité dans la pluspart des malades.

Or comme le foyer de ces levains putrides réside dans l'estomac & les premières voies, on usera dans l'administration des purgatifs, de la même célérité que j'ai recommandée pour les saignées. On commencera par ceux qui évacuent immédiatement ces levains putrides ; on continuera ensuite les purgatifs simples de deux en deux jours, on en soûtiendra l'effet par une ample boisson délayante

&

& adouciſſante. Ce n'eſt, en effet, que par les évacuations continuées qu'on voit ces maladies ſe terminer heureuſement, dans l'eſpace de douze ou quatorze jours tout au plus, & quelquefois, comme je l'ai vû ſouvent, au bout de huit jours.

Il eſt rare, en ſuivant cette méthode, de voir dégénérer ces fièvres, ſimplement aiguës, miliaires ou vermineuſes, en fièvres malignes, pourprées ou non pourprées; ce qui n'arrive que trop par la négligence ou par la réſiſtance invincible qu'on trouve dans les peuples de la campagne, qui, comme je ne me laſſerai point de le répéter, ne demandent du ſecours que lorſqu'ils ont épuiſé le vin & les cordiaux, & qu'ils ſont preſque aux derniers abois.

Il ſe rencontre des cas où les ſaignées n'ont pas toûjours lieu, même dans les maladies qui ſont compliquées de fluxion de poitrine avec crachement de ſang; il eſt aiſé d'en faire la différence, par celle qui ſe trouve entre un phlegmon éréſipélateux & un phlegmon œdémateux.

On trouve dans l'ouverture de ceux qui ſont morts de cette ſeconde eſpèce de maladie que j'appellerai *humorale*, les vaiſſeaux du cerveau engorgés de ſang, & plus encore de lymphe, ſouvent épanchés l'un & l'autre.

C'eſt à cette ſurabondance de lymphe, qui relâche les nerfs dans leur origine, que j'attribue la débilité du pouls, l'abattement général des forces, accidens bien plus marqués dans cette eſpèce que dans la première, comme l'aſſoupiſſement léthargique des malades, les yeux à demi-éteints; à l'égard de la langue, elle n'eſt point sèche, mais toûjours extrêmement blanche.

Celui qui dans une ſemblable circonſtance, commenceroit la cure par des ſaignées, qui ne manqueroient pas d'augmenter la foibleſſe du pouls, verroit bientôt ſuccomber ſon malade; il tomberoit dans le même inconvénient que celui qui dans une apoplexie ſéreuſe, avec une extrême débilité dans le pouls, commenceroit par la ſaignée, ou qui dans une apoplexie ſanguine, où tout eſt plein, commenceroit par un vomitif. La principale indication, dans ces maladies humorales, eſt d'évacuer promptement, par des vomitifs, les levains putrides de l'eſtomac & des premières voies. Ces remèdes ont en même temps le double avantage d'évacuer les humeurs putrides, & de contribuer à rétablir le reſſort des vaiſſeaux, par la ſecouſſe générale qu'ils occaſionnent ſur tout le genre nerveux.

Je ne prétends point cependant exclurre tout-à-fait la ſaignée, ni dire qu'elle ne ſoit pas quelquefois néceſſaire dans ces maladies humorales, avant que de paſſer aux purgatifs, lorſqu'il y a une vraie pléthore, de l'eſpèce de celles que les anciens appeloient *ad vaſa*, qui menace les vaiſſeaux de rupture: c'eſt ce qu'on doit laiſſer à la ſageſſe des Médecins qui ſeront conſultés, ou envoyés pour traiter ces maladies.

Il eſt aiſé de conclurre de toutes ces généralités, que les remèdes qui doivent être employés pour la guériſon de ces maladies, ſoit inflammatoires, ſoit humorales, ſe réduiſent aux ſaignées réglées par la prudence, & toûjours du pied par préférence, à cauſe de l'état du cerveau menacé dès le premier jour, aux purgatifs réitérés & aux boiſſons *antiphlogiſtiques* *.

Cette pratique, toute ſimple qu'elle eſt, a été ſuivie d'un ſuccès ſi général, qu'elle a réuſſi, au de-là de toute eſpérance, aux moins verſés dans la pratique, en ne faiſant que ſuivre littéralement ce que j'en avois écrit.

Une des plus grandes difficultés qui ſe rencontrent, comme je l'ai déjà dit, à la campagne, dans les paroiſſes attaquées d'épidémies pour la première fois, & même dans celles qui l'ont déjà été, c'eſt la répugnance invincible des malades, pour tout ce qui s'appelle remèdes en général, & pour l'abandon du vin & des cordiaux; ce qui eſt d'autant plus fâcheux, que les temps d'agir efficacement étant paſſés, ils ne ſe rendoient qu'à la fin,

* C'eſt-à-dire convenables dans les maladies inflammatoires.

quand il ne reſtoit preſque plus de moyens de les ſauver.

Le premier point de la méthode qu'on doit obſerver, eſt, ainſi que je l'ai répété pluſieurs fois ci-deſſus, la célérité pour les ſaignées dans les premières vingt-quatre heures, afin de donner, dès qu'on trouvera du relâchement dans le pouls, trois ou quatre grains de tartre ſtibié, délayé dans une pinte d'eau chaude, dans laquelle on fera auſſi diſſoudre deux ou trois gros de ſel végétal.

On fera prendre cette boiſſon émétiſée en cinq ou ſix verrées, de demi-quart d'heure en demi-quart d'heure, juſqu'à ce que le vomiſſement ſurvienne; on en aidera, ou on en modérera pour lors l'action, en faiſant boire au malade pluſieurs taſſes d'eau chaude. Cette façon de donner l'émétique, a cela de commode, qu'on peut en arrêter la trop grande activité lorſque l'évacuation par le haut paroîtra ſuffiſante, y ayant des perſonnes d'un tempérament ſi délicat, que la moitié de la doſe indiquée ci-deſſus leur ſuffit.

Si par hasard le vomissement survenoit dès la seconde ou troisième verrée, & que le malade en fût trop fatigué, on mettroit une plus grande distance, comme celle d'une demi-heure ou même d'une heure, entre les doses restantes, qui bien souvent, quand l'estomac est débarrassé, agissent par bas. Le lendemain de cette première opération, on s'en tiendra, si l'on peut, aux lavemens simplement faits avec la décoction des herbes émollientes, telles que les feuilles de mauve, de seneçon, de mercuriale & de violette, qui sont très-aisées à trouver dans les campagnes.

On recommandera aux malades une ample boisson d'une tisane faite avec les racines de chiendent, ou de fraisier, & un peu de réglisse; indépendamment de cette tisane, on donnera alternativement un verre de petit-lait bien clarifié, dans les endroits où l'on sera à portée de pouvoir en préparer: sinon on leur prescrira un apozème fait avec les feuilles de chicorée sauvage, de scolopendre & de bourrache;

comme il eſt néceſſaire d'entretenir le cours de la bile, dans les jours libres de purgations, on mettra un grain, ou un grain & demi d'émétique, ou même deux grains, ſur chaque pinte de ces apozèmes. On purgera les malades le troiſième jour, avec une médecine compoſée d'une once de lénitif, deux gros de ſenné & un gros de ſel végétal, qui ſont preſque les ſeules drogues dont je me ſerve dans la généralité de Paris, & avec leſquelles on fait des purgatifs à tous degrés, en augmentant leur activité avec un demi-grain, ou un grain de tartre ſtibié, ſelon la portée des perſonnes.

Dans le cas où les malades rendront des vers, on mettra dans la décoction de ces médecines un bonne pincée de feuilles & ſommités d'abſynthe, de petite centaurée, de *chamædrys* (en françois germandrée, ou petit chêne) ou enfin de tanéſie, ſelon qu'on trouvera plus facilement à la campagne les unes ou les autres. Je les ai ſubſtitués pour pluſieurs raiſons au *ſemen-contra*, à la coralline &

autres vermifuges de cette espèce; j'avouerai d'ailleurs que je ne connois point de meilleur vermifuge que l'émétique, qui évacue immédiatement les levains putrides qui font éclorre les vers.

Cependant comme il arrive assez souvent que les vers éludent la force des émétiques & des purgatifs amers de toutes les espèces, & que les malades en rendent encore dans leur convalescence; j'ai achevé de les détruire par l'usage d'un opiat vermifuge, dans le goût à peu près de la poudre décrite dans le *Codex*. L'usage de l'ail, dont on frotte un morceau de pain & qu'on couvre d'une couche de beurre, m'a parfaitement réussi dans plusieurs paroisses des environs de Paris; & surtout dans une prétendue dysenterie * qui régnoit en Bretagne, & pour laquelle je fus consulté à Fontainebleau au mois

* La cause de cette dysenterie étoit des vers : les malades rendoient tous assez de sang, mais les déjections n'étoient ni douloureuses ni sanguinolentes, ce sang étoit clair, provenant ou des vaisseaux hémorroïdaux, ou de l'érosion de ceux qui rampent le long de la surface interne des intestins.

d'octobre 1756, par M. de Moras, pour lors Contrôleur général.

On répetera les purgatifs de deux en deux jours; il est des cas où l'on ne doit pas se contenter d'avoir fait vomir le premier jour, le vomissement est souvent indiqué dans le cours de la maladie, par les nausées, les aigreurs & les vers rendus par la bouche.

A l'égard des femmes enceintes, on les saignera & on les purgera, comme si elles ne l'étoient pas, à raison des accidens présens & du terme de leur grossesse, parce que la première attention qu'on doit avoir pour sauver l'enfant, c'est de conserver la mère; avec cette précaution pourtant, vû leur état, que les saignées seront faites du bras & jamais du pied, hors les cas de nécessité absolue, tels que sont les délires frénétiques; on se contentera de les purger avec le lénitif, les tamarins, la manne & le sel végétal.

A l'égard des bouillons, ils ne doivent être donnés que de six en six heures, dans les premiers jours de la maladie; on les rapprochera ensuite, après que les malades auront été purgés.

Si les urines sont ardentes, ou que leur quantité soit médiocre, on mettra trente grains de nitre purifié sur chaque pinte de tisane; & si la chaleur étoit ardente dans les redoublemens, & la langue sèche & aride, on ajoûteroit encore sur chaque pinte trois ou quatre cuillerées à bouche d'oxymel simple, qui convient d'autant plus que c'est un excellent remède anti-putride! & d'autant mieux à la campagne, qu'il est très-facile à préparer* & de peu de dépense, raison principale qui m'a engagé à simplifier la pratique médicinale & pharmaceutique. Toute simple qu'elle est, elle a suffi jusqu'à présent pour terminer heureusement la Suette & toutes les autres maladies inflammatoires, quelquefois, comme

* On prépare l'oxymel simple en faisant bouillir dans un vaisseau de terre, deux livres de miel blanc dans une livre de vinaigre blanc ou rouge, à un feu modéré, jusqu'à consistance de syrop.

Les fruits aigres, tels que ceux de groseilles & d'épine-vinette, dans la saison, peuvent suppléer à l'oximel, en en écrasant quelques grains dans les tisanes.

je l'ai dit, dès le huitième jour, quand on a été assez heureux de trouver des malades dociles & de commencer le traitement dès le premier jour! mais au plus tard elles ont fini le quatorzième, presque toûjours à l'avantage des malades.

C'est aux Médecins, ou à leur défaut, à ceux qui seront chargés de suivre ces maladies, à régler le temps où les malades pourront passer aux nourritures solides; ce qui ne doit leur être permis qu'après qu'ils auront été suffisamment purgés, & qu'ils n'auront plus de fièvre; le vin ne doit être employé que dans ce temps-là, & dans les cas de foiblesses qui peuvent survenir dans le cours de la maladie.

On aura l'attention de faire faire les bouillons chez quelques personnes charitables, ou chez M.^rs les Curés, chez qui les parens des malades, ou ceux qui les soignent, les iront chercher; & de faire distribuer aux convalescens la viande qui aura servi à faire leurs bouillons. Je n'ai que trop éprouvé l'inconvénient de donner la viande en nature, ou en argent, à des gens qui, pour la pluſpart, n'ont pas de quoi faire du feu ; ils la vendent & ſe ſervent de cet argent, ou de celui qu'on leur a donné, pour acheter du vin & du ſucre.

Comme ceux qui ſont attaqués de la Suette & des autres maladies inflammatoires, ne ſont pas tous attaqués avec la même vivacité, on proportionnera le traitement au degré de la maladie, en uſant cependant toûjours de la même célérité du côté des ſaignées & de la purgation, que ni les éruptions ni les ſueurs ne doivent arrêter, lorſqu'elles ſont ſymptomatiques, c'eſt-à-dire, lorſqu'elles n'apportent aucun ſoulagement dans les fièvres, ni dans les autres accidens. Autant les ſueurs ſont reſpectables, ſelon Hippocrate, lorſqu'elles ſurviennent dans le cours de la maladie, dans les jours favorables aux criſes, jours que ce prince de la Médecine appeloit, *dies judicatorii*, autant elles ſont à redouter, lorſqu'elles viennent dès le commencement. Que dénotent en effet ces dernières ! ſinon la plénitude des vaiſſeaux, qui eſt un obſtacle à la circulation, le ſang ſéjournant trop par cette raiſon dans toutes les parties du corps, ſur-tout dans l'extrémité des vaiſſeaux capillaires de la peau, où la partie ſéreuſe s'en ſépare par tous les points.

Il me reſte à parler des maladies qui, quoique les mêmes en apparence, n'exigent point de ſaignées, ou tout au plus une ou deux, ſelon la plénitude du pouls. Dans ces maladies que j'ai appelées humorales, où tout eſt, pour ainſi dire, dans l'engourdiſſement, & où les forces ſont anéanties par le poids des humeurs, il s'agit d'évacuer promptement, & en même temps de rétablir le reſſort des vaiſſeaux, qui eſt perdu; ces deux indications ſeront parfaitement bien remplies d'abord par l'émétique, que l'on donnera, comme il a été dit ci-devant, de même que les purgatifs, de deux en deux jours. L'on fera prendre dans les jours libres de purgation, une verrée d'apozème, de trois en trois heures; ils ſeront compoſés avec une poignée de feuilles de chicorée ſauvage & autant de bourrache, quand on pourra en avoir; on aura l'attention de bien hacher ces plantes, pour qu'elles donnent plus de ſuc, on les jettera dans l'eau bouillante, où on les laiſſera pendant un demi-quart d'heure, on retirera le pot du feu, & quand la liqueur ſera à demi refroidie, on la paſſera avec une légère expreſſion, & on y diſſoudra un ou deux grains d'émétique, ce qui entretiendra les évacuations dans les intervalles des purgatifs.

Dans les cas où les forces ſemblent perdues, & où les malades ſont dans un aſſoupiſſement léthargique, il faut avoir recours aux véſicatoires, qu'on appliquera aux mollets des jambes, ou à la nuque; on en entretiendra la ſuppuration avec l'onguent *de la mère*, ou avec le ſuppuratif ordinaire, juſqu'à la ceſſation totale des accidens.

On fera uſer à ces malades de la boiſſon indiquée ci-deſſus, rendue aigrelette par l'oxymel, & on reviendra à l'émétique toutes les fois qu'il ſera indiqué dans le cours de la maladie.

Il ſurvient ſouvent des parotides vers le quinzième ou le vingtième jour de ces maladies, quand, pour avoir été négligées, elles ont dégénéré en fièvres malignes; ces dépôts ſont preſque toûjours véritablement critiques, parce qu'ils terminent la maladie, mais ils exigent un traitement particulier, qui eſt ſouvent bien plus long que la maladie même ; ſi elles paroiſſent dures, on doit les mettre en fonte par l'application d'un cataplaſme fait avec deux parties de pulpe d'oignon de lis, cuit ſous la cendre, une partie de thériaque & autant de levain de froment; on peut y faire fondre auſſi une partie de l'emplâtre *diachylum*, bien malaxer le tout enſemble dans un mortier, y ajoûter un peu de vinaigre, pour humecter le tout; on renouvellera ce cataplaſme deux fois par jour, & ſi au bout de trois ou quatre jours, la tumeur ne paroît pas diſpoſée à la ſuppuration, on y appliquera une traînée de pierres à cautère, qu'on contiendra par le moyen d'une emplâtre fenetrée, on ſcarifiera enſuite l'eſcarre qui en réſultera, &

on ſe ſervira d'un cataplaſme composé d'égales parties d'onguent d'*althæa* & de pulpe d'oignon de lis; lorſqu'une fois la ſuppuration ſera bien établie, on panſera avec le baume d'*arceus*, on purgera le malade de temps en temps, & lorſque la ſuppuration ſera ſuffiſante, on ne ſongera plus qu'à mondifier l'ulcère.

On aura une attention particulière à ne point laiſſer (comme on a fait, & comme on fait encore tous les jours) les malades dans leurs mêmes linges pourris de ſueur, pendant tout le cours de leur maladie, & à les empêcher de s'aſſommer de couvertures; ils doivent être couverts modérément; on doit ouvrir quelquefois leurs fenêtres dans les beaux jours, pour renouveler l'air de la chambre, y faire brûler de la graine de genièvre, ou, ce qui eſt encore mieux, du vinaigre ſur une pelle rougie au feu, pour ôter la mauvaiſe odeur, ſurtout chez la pluſpart des malades logés étroitement, & entourés le plus ſouvent de mares d'eau, où ils font pourrir leur fumier.

A l'égard de ceux qui ont été attaqués de la maladie, & qui y ont résisté par la force de leur tempérament, il est à propos de les avertir qu'ils ne doivent point se négliger, ni s'endormir sur leur convalescence; ils en doivent sentir eux-mêmes la nécessité, par la peine qu'ils ont à se remettre; non seulement ils doivent craindre les rechûtes, mais encore de tomber dans les maladies de langueur, dans des affections scorbutiques, ou dans l'hydropisie, suite ordinaire de l'épuisement & de l'appauvrissement du sang & de la lymphe, dont l'acrimonie est démontrée d'ailleurs par la séchéresse extrême de l'épiderme, qui s'enlève chaque jour par lambeaux. Ils ont besoin de s'humecter avec du petit-lait bien clarifié, dont ils prendront une pinte tous les matins, pendant huit ou dix jours, & feront leur boisson ordinaire de tisanes adoucissantes & légèrement apéritives, faites avec les racines de fraisier, de bardane, de chardon roulant, auxquelles on ajoûtera sur la fin de l'ébullition, des feuilles de bourrache, de poirée, de scolopendre & de cresson de fontaine, selon l'état actuel où M.rs les Médecins trouveront les malades. On les disposera ainsi à se purger, ne l'ayant pas été pendant le cours de leur maladie : j'ai été assez heureux pour voir réussir, pendant mon séjour dans les différens lieux où j'ai été, les précautions que je viens d'indiquer.

Je crois avoir suffisamment rempli mon objet, pour tout ce qui regarde le traitement des maladies; mais comme dans un lieu où règne une maladie épidémique, on doit s'attendre à voir augmenter le nombre des malades de jour en jour, si on ne pourvoit à la subsistance de ceux qui par leur extrême indigence, sont le plus susceptibles de l'impression de la cause générale; il me reste à dire qu'un des principaux moyens d'arrêter le progrès de la maladie, c'est de distribuer à ces pauvres une nourriture plus convenable que celle à laquelle la nécessité les fait recourir.

M.rs les Curés ont donné sur ce point essentiel, des preuves de zèle & de charité, dignes de la plus grande admiration, de même que plusieurs Seigneurs, jaloux de la conservation de leurs vassaux; le Roi leur en donne tous les jours l'exemple, en faisant fournir des alimens aux pauvres; mais plus on doit de reconnoissance à ses bontés paternelles, plus on doit les ménager, & éviter les abus, qui ne se glissent que trop dans les distributions qu'on en fait. On connoîtra les besoins pressans d'un chacun par M.rs les Curés, & par ce moyen il se glissera moins d'abus dans la distribution, qui, quoique peu de chose dans une seule paroisse, devient un objet considérable par la multiplicité.

On trouvera à la fin de ce Mémoire, la manière d'employer utilement le riz que le Roi a la bonté de faire fournir pour les Pauvres, reconnus tels par M.rs les Curés.

On ne sauroit trop recommander à M.rs les Curés, chez qui seront déposés les remèdes que le Roi fait fournir pour les Pauvres, d'empêcher, autant qu'ils pourront, qu'on ne les détourne & qu'on ne les emploie mal-à-propos. On les exhorte, de même que les Syndics des paroiſſes où il ſe manifeſtera quelques maladies épidémiques, d'en avertir ſur le champ les Subdélégués de leur Élection, pour qu'ils en avertiſſent M. l'Intendant, dont la Généralité éprouve tous les jours les bontés & les attentions, par les ſecours de toute eſpèce qu'il procure aux Pauvres malades.

MANIÉRE dont on peut faire la ſoupe au riz pour vingt-cinq perſonnes.

IL faut ſe pourvoir d'un chauderon aſſez grand pour contenir vingt pintes d'eau, meſure de Paris ; s'il eſt plus grand, il en ſera plus commode.

L'on mettra dans ce chauderon quatre pintes & demie d'eau, meſure de Paris ; quand elle ſera chaude, on y mettra trois livres de riz, qu'on aura eu ſoin de bien laver auparavant, avec de l'eau chaude.

Le riz étant dans le chauderon ſur le feu, on aura attention de le faire cuire lentement, & de le remuer ſans ceſſe, de peur qu'il ne s'attache au fond.

A meſure que le riz augmentera de volume & qu'il s'épaiſſira, on y verſera ſucceſſivement une pinte & demie d'eau chaude, qui ſera bien-tôt abſorbée, le riz continuant à ſe gonfler.

Il faut environ une heure pour cette

première opération; après quoi on humectera le riz, & on lui fera encore absorber successivement quatorze pintes d'eau, ce qui fera en tout environ vingt pintes, qu'on versera peu à peu & par intervalles, de peur de noyer le riz; cela fait, on laissera le riz sur le feu pendant deux autres heures, & on l'y fera cuire lentement, & à petit feu, en le remuant continuellement, sans quoi il s'attacheroit au fond du chauderon.

Le riz étant bien cuit, on y mettra une demi-livre de beurre ou de sain-doux, ou à leur défaut, deux livres de lard coupé par morceaux, avec six onces de sel & deux gros de poivre noir en poudre, en observant de remuer le tout ensemble pendant une demi-heure.

Au lieu de beurre on peut mettre du lait; la quantité de trois pintes suffit pour la chauderonnée, mais il faut prendre garde que le lait ne soit trop vieux, car il s'aigriroit à la cuisson.

On ôtera ensuite le chauderon de dessus le feu, pour y mettre aussi-tôt, mais peu à peu, ſix livres de pain blanc ou bis, qu'on coupera en ſoupes très-minces, & on mêlera le pain avec le riz, de manière qu'il aille au fond, pour s'imbiber & faire corps enſemble.

Si l'on ſe ſert de lait au lieu de beurre, il faut quelques pintes d'eau de moins dans la préparation du riz; autrement il ſeroit trop clair; on y mettra auſſi du pain blanc, parce que le pain bis feroit aigrir le lait.

La diſtribution doit être faite ſur le champ, pour trouver les vingt-cinq portions.

Chaque portion ſera de deux cuillerées, qui contiendront chacune la valeur d'un demi-ſetier, ou quart de pinte, meſure de Paris.

Pour les enfans de neuf ans & au deſſous, une de ces cuillerées ſera une portion ſuffiſante.

En diſtribuant les ſoupes chaudes, on aura ſoin de remuer le riz avec la cuillier à pot, & de prendre au fond du chauderon, pour que la diſtribution ſe faſſe également, tant en riz qu'en pain.

On avertit ceux qui ne mangeront pas

ſur le champ leur portion, de la faire réchauffer à petit feu, en y mêlant un peu d'eau, ou de lait, pour la faire revenir, & la rendre plus profitable.

J'ai recommandé de faire la diſtribution ſur le champ, parce qu'il n'y a rien à craindre des vaiſſeaux de cuivre, que lorſque le liquide y ſéjourne hors du feu; mais on doit ſe ſervir d'une chaudière de fer par préférence aux chaudières de cuivre, pour éviter les inconvéniens qui pourroient réſulter de la moindre négligence à cet égard.

FIN.

www.ingramcontent.com/pod-product-compliance
Ingram Content Group UK Ltd.
Pitfield, Milton Keynes, MK11 3LW, UK
UKHW020354250726
13967UKWH00005B/2271